школа - skoro	2
подорож - koiri	5
транспорт - transport	8
місто - foto	10
ландшафт - landschap	14
ресторан - restaurant	17
супермаркет - wenkri	20
напої - dringi	22
їжа - nyan	23
ферма - burugron	27
дім - oso	31
вітальня - foroisi	33
кухня - botrali	35
ванна кімната - was oso	38
дитяча кімната - pikin kamra	42
одяг - krosi	44
офіс - kantoro	49
економіка - ekonomia	51
професії - kari	53
інструменти - wrokosani	56
музичні інструменти - poku sani	57
зоопарк - meti dyari	59
спорт - sport	62
дії - aktifiteit	63
сім'я - famiri	67
тіло - skin	68
лікарня - ati oso	72
аварійний випадок - nowtu	76
Земля - grontapu	77
годинник - oloisi	79
тиждень - wiki	80
рік - yari	81
форми - form	83
фарби - kloru	84
протилежності - difrenti	85
числа - nomru	88
мови - den tongo	90
хто / що / як - suma / sang / fa	91
де - pe	92

Impressum
Verlag: BABADADA GmbH, Nedderfeld 112 , 22529 Hamburg
Geschäftsführer / Verlagsleitung: Harald Hof
Druck: Books on Demand GmbH, In de Tarpen 42, 22848 Norderstedt

Imprint
Publisher: BABADADA GmbH, Nedderfeld 112 , 22529 Hamburg, Germany
Managing Director / Publishing direction: Harald Hof
Print: Books on Demand GmbH, In de Tarpen 42, 22848 Norderstedt, Germany

школа
skoro

- ділити / prati
- дошка / bord
- класна кімната / klas
- шкільний двір / skoro dyari
- вчитель / leriman
- папір / papira
- ручка / pen
- писати / skrifi
- письмовий стіл / tafra
- лінійка / lati
- книга / buku
- учень / studenti

ранець
skorotas

пенал
kisi

олівець
skriftiki

точило
srapu

гумка
sisibi

альбом для малювання
prenki buku

малюнок
prenki

пензель
kwasi

коробка фарб
ferfidosu

ножиці
sisei

клей
gomma

зошит
skrifbuku

домашнє завдання
skorowroko

число
nomru

додавати
teri

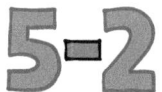

віднімати
koti

множити
vermenigvuldig

рахувати
teri

літера
brifi

абетка
alfabet

слово
wortu

школа - skoro

текст	читати	крейда
awortu	lesi	kreiti

година	класний журнал	екзамен
yuru	klasbuku	examen

диплом	шкільна форма	освіта
skoropapira	sem skoro krosi	skoro

лексикон	університет	мікроскоп
encyklopedie	unifersiteit	mikroskoop

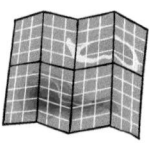 

карта	кошик для паперу
karta	doti embre

школа - skoro

подорож

koiri

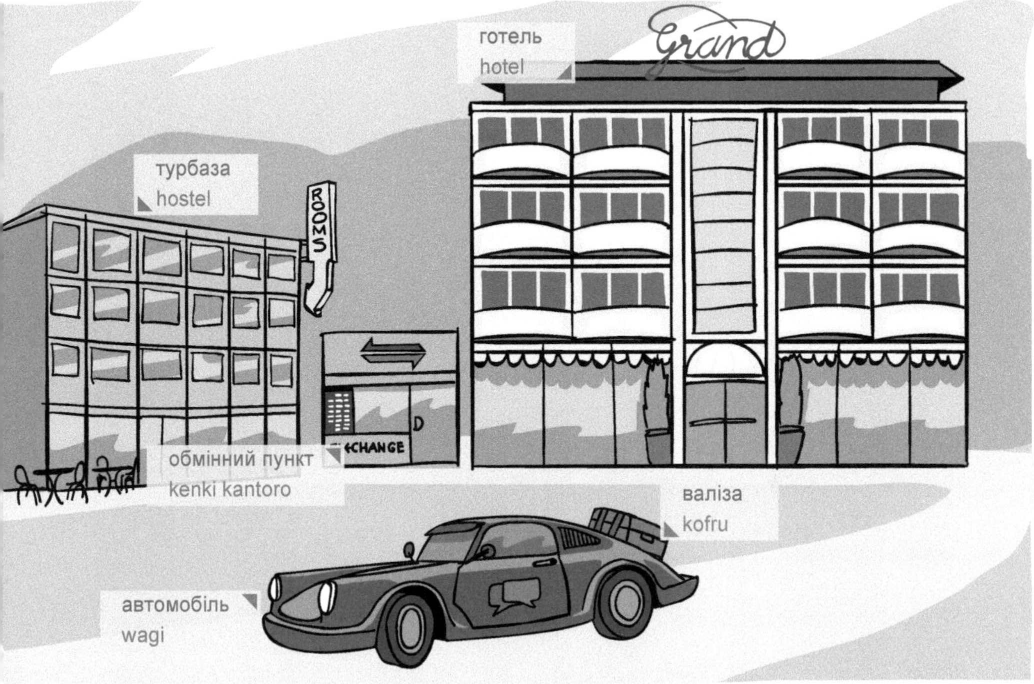

Grand
готель
hotel
турбаза
hostel
ROOMS
обмінний пункт
kenki kantoro
валіза
kofru
автомобіль
wagi

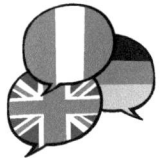

мова
tongo

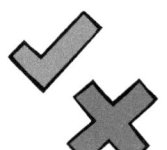

так / ні
ai / no

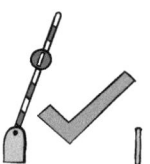

добре
afen

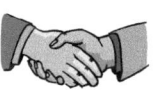

привіт
Ei!

перекладач
torku

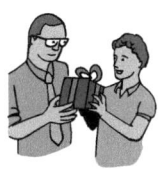

дякую
Grantangi

Скільки коштує …?
O meni…?

Я не розумію
Mi ne ferstan

проблема
problema

Добрий вечір!
Kuneti!

Доброго ранку!
Morgu!

На добраніч!
Kuneti!

До побачення
Adyosi!

напрямок
beni

багаж
bagasi

сумка
tas

рюкзак
tas

гість
fisiti

кімната
kamra

спальний мішок
sribi saka

намет
tenti

подорож - koiri

туристична інформація
reiskantoro

пляж
sekanti

кредитна картка
kreditkarta

сніданок
mamanten nyanyan

обід
nyanyan

вечеря
nyanyan

квиток
karta

ліфт
lift

поштова марка
stampu

межа
lanki

митниця
douane

посольство
ambassade

віза
fisa

паспорт
pasportu

транспорт
transport

літак
isrifowru

корабель
boto

пожежна машина
brandweerwagi

автобус
bus

вантажний автомобіль
wagi

моторний човен
motro boto

автомобіль
wagi

велосипед
baisigri

пором
pondo

човен
boto

мотоцикл
motro

поліцейська машина
skowtu wagi

гоночний автомобіль
streilon wagi

автомобіль на прокат
yuru wagi

спільне користування авто	евакуатор	сміттєвоз
wagi prati	takelwagi	doti wagi

двигун	паливо	автозаправна станція
motro	oli	oli pompu

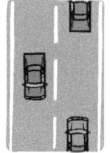

дорожній знак	рух	затор
ferkeermarki	ferkeer	reylo

стоянка	вокзал	рейки
parkeerpresi	lokopresi	rail

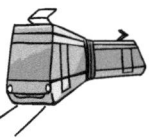

потяг	трамвай	вагон
loko	loko	wagi

транспорт - transport

гелікоптер
helikopter

аеропорт
opolangi

вежа
fortresi

пасажир
pasasir

контейнер
kontainer

коробка
doso

візок
wagi

кошик
baskita

стартувати / приземлятися
opo go / saka

місто
foto

село
dorpu

центр міста
fotosei

дім
oso

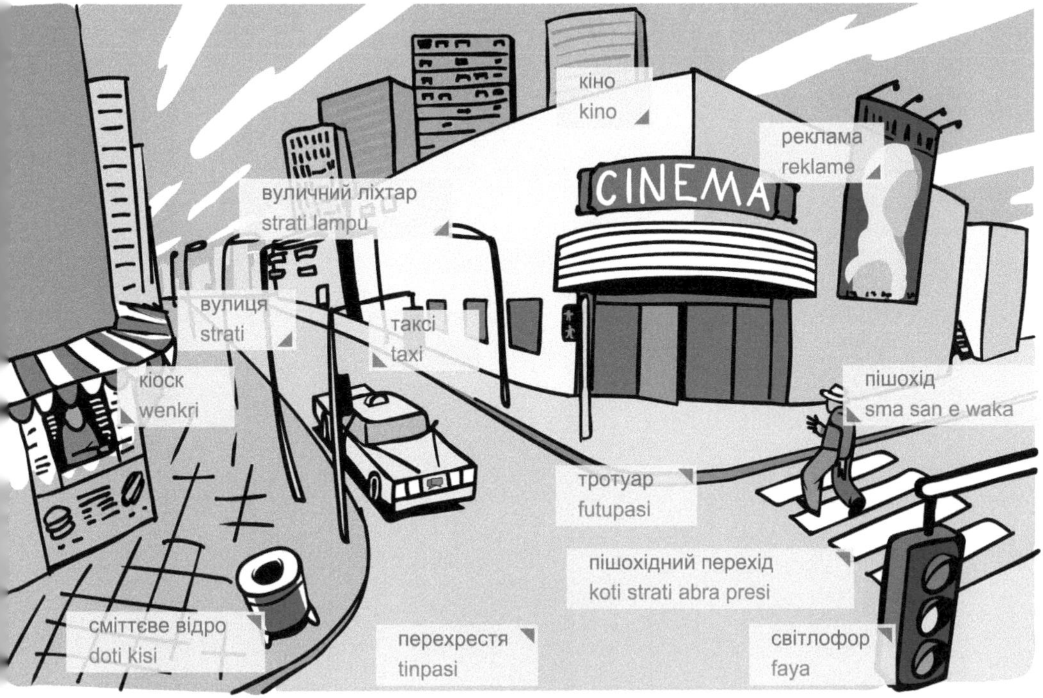

кіно / kino

реклама / reklame

вуличний ліхтар / strati lampu

вулиця / strati

таксі / taxi

кіоск / wenkri

пішохід / sma san e waka

тротуар / futupasi

пішохідний перехід / koti strati abra presi

сміттєве відро / doti kisi

перехрестя / tinpasi

світлофор / faya

хатина
kampu

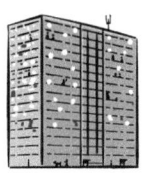

квартира
oso

вокзал
lokopresi

ратуша
foto oso

музей
museum

школа
skoro

місто - foto

університет
unifersiteit

банк
bangi

лікарня
ati oso

готель
hotel

аптека
apteiki

офіс
kantoro

книжковий магазин
buku winkri

магазин
wenkri

квітковий магазин
bromki winkri

супермаркет
wenkri

ринок
wowoyo

універмаг
wowoyo

торговець рибою
fisi seri man

торговельний центр
bigi wenkri

гавань
lanpresi

місто - foto

парк
park

лава
bangi

міст
broki

сходи
trapu

метро
fatyawagi

тунель
ondrogron-strati

автобусна зупинка
bushalte

бар
bar

ресторан
restaurant

поштова скринька
brifibus

вулична табличка
strati nen marki

лічильник паркування
parkeer marki

зоопарк
meti dyari

басейн
swen presi

мечеть
gado-oso

ферма
burugron

забруднення навколишнього середовища
doti sani

кладовище
berpe

церква
kerki

дитячий майданчик
prei presi

храм
gado-oso

ландшафт
landschap

листок
wiwiri

вказівний стовп
pasi marki

шлях
pasi

луг
wei

камінь
ston

дерево
bon

мандрівник
koiri sma

річка
libi

квітка
bromki

трава
grasi

долина
lagi presi

гора
lebriki

озеро
fisi-olo

ліс
busi

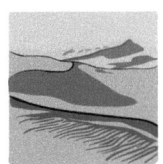
пустеля
dreisabana

вулкан
bergi

замок
ridder-oso

веселка
alenbo

гриб
todoprasoro

пальма
palmbon

комар
maskita

муха
freifrei

мурашка
mira

бджола
waswasi

павук
anansi

ландшафт - landschap

жук	жаба	вивірка
asege	todo	bonboni

їжак	заєць	сова
agidya	kon koni	owru kuku

птах	лебідь	кабан
fowru	gansi	werder agu

олень	лось	гребля
dia	dia	dan

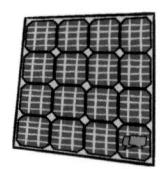

вітряк	сонячний модуль	клімат
winti miri	son planga	weer

ландшафт - landschap

ресторан
restaurant

- офіціант — diniman
- меню — nyankarta
- стілець — sturu
- піца — pissa
- суп — supu
- скатертина — tafra duku
- столові прилади — nefi nanga forku

закуска
fesi nyanyan

друга страва
moro prenspari sortu nyan

десерт
switi sani

напої
dringi

їжа
nyan

пляшка
batra

ресторан - restaurant

фаст-фуд
fastfood

вулична їжа
strati nyanyan

чайник
tépatu

цукорниця
sukru patu

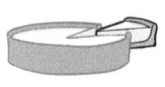
порція
krab'patu

еспресо-машина
espressomasyin

високий стільчик
pikin sturu

рахунок
borgu

піднос
brakri

ніж
nefi

вилка
forku

ложка
spun

чайна ложка
téspun

серветка
servet

склянка
grasi

ресторан - restaurant

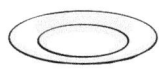

тарілка
preti

тарілка для супу
supu preti

блюдце
skotriki

соус
sowsu

солонка
sowtupatu

млин для перцю
pepre miri

оцет
asin

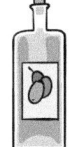

масло
oli

спеції
specerij

кетчуп
ketchup

гірчиця
mosterd

майонез
mayonaise

ресторан - restaurant

супермаркет

wenkri

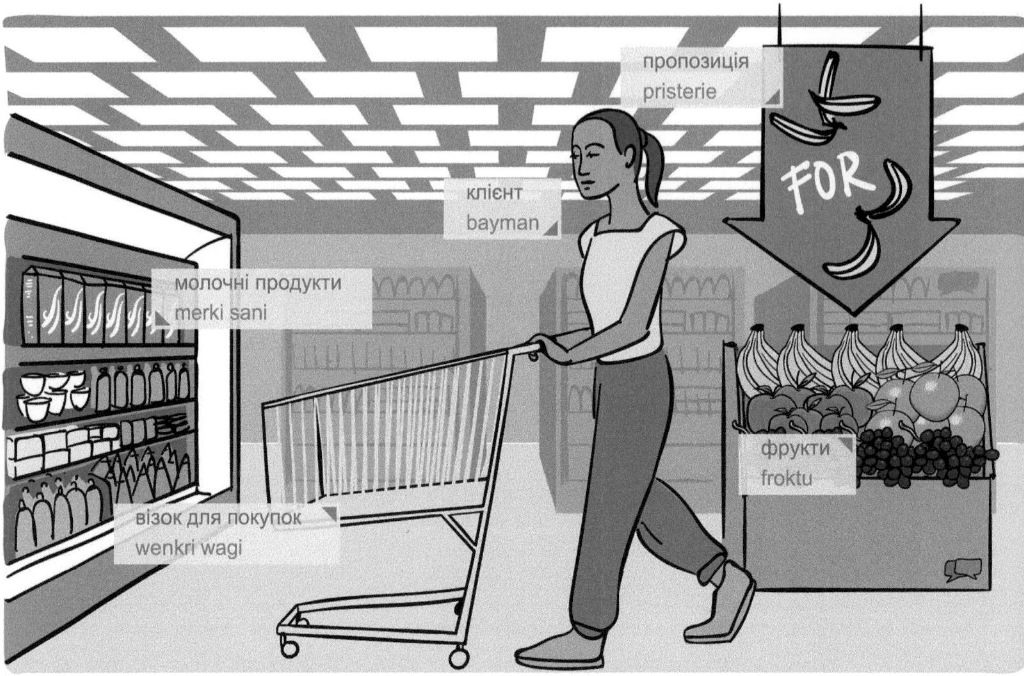

пропозиція
pristerie
FOR
клієнт
bayman
молочні продукти
merki sani
фрукти
froktu
візок для покупок
wenkri wagi

BUTCHERS

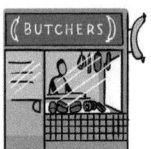

м'ясний магазин

srakti-oso

BAKERY

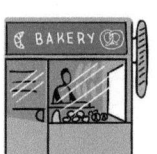

пекарня

bakri-oso

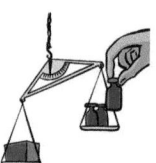

зважувати

wegi

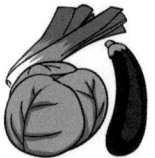

овочі

gruntu

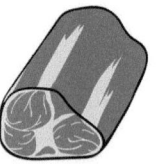

м'ясо

meti

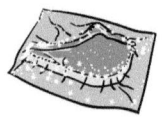

заморожені продукти

dijskasi sani

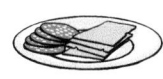

ковбасна нарізка

kowru meti

консерви

blik nyan

пральний порошок

wasi sani

солодощі

switi sani

предмети домашнього побуту

oso sani

мийний засіб

sani fu krin

продавщиця

seri sma

каса

kas

касир

kasman

список покупок

bai marki

часи роботи

oro yuru

гаманець

portmoni

кредитна картка

kreditkarta

сумка

tas

поліетиленовий пакет

plastik saka

супермаркет - wenkri

напої
dringi

вода
watra

сік
sap

молоко
merki

кола
kola

вино
win

пиво
biri

алкоголь
sopi

какао
skrati

чай
té

кава
kofi

еспресо
espresso

капучіно
kappuccino

їжа
nyan

банан
bakba

яблуко
apra

апельсин
apresina

кавун
watramun

лимон
sitrun

морква
rutu

часник
konofroku

бамбук
bambu

цибуля
aiun

гриб
todoprasoro

горішки
noto

локшина
pasta

спагеті	рис	салат
spaghetti	alesi	salade

картопля фрі	смажена картопля	піца
patata	baka patata	pissa

гамбургер	бутерброд	шніцель
burger	brede	schnitsel

шинка	салямі	ковбаса
ameti	salami	worst

курка	печеня	риба
kafowru	bakadina	fisi

їжа - nyan

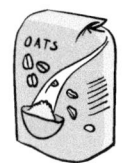 вівсяні пластівці hafermout	 мюслі muesli	 кукурудзяні пластівці karuflakes
 борошно blon lolo	 круасан croissant	 булочка brede
 хліб brede	 тостовий хліб baka brede	 печиво buskutu
 масло botro	 сир kwark	 пиріг kuku
 яйце eksi	 яєчня baka eksi	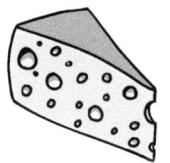 сир kasi

їжа - nyan

морозиво	цукор	мед
ice-cream	sukru	oni

мармелад	нуга-крем	карі
jam	sukruskrati pasta	kerrie

ферма
burugron

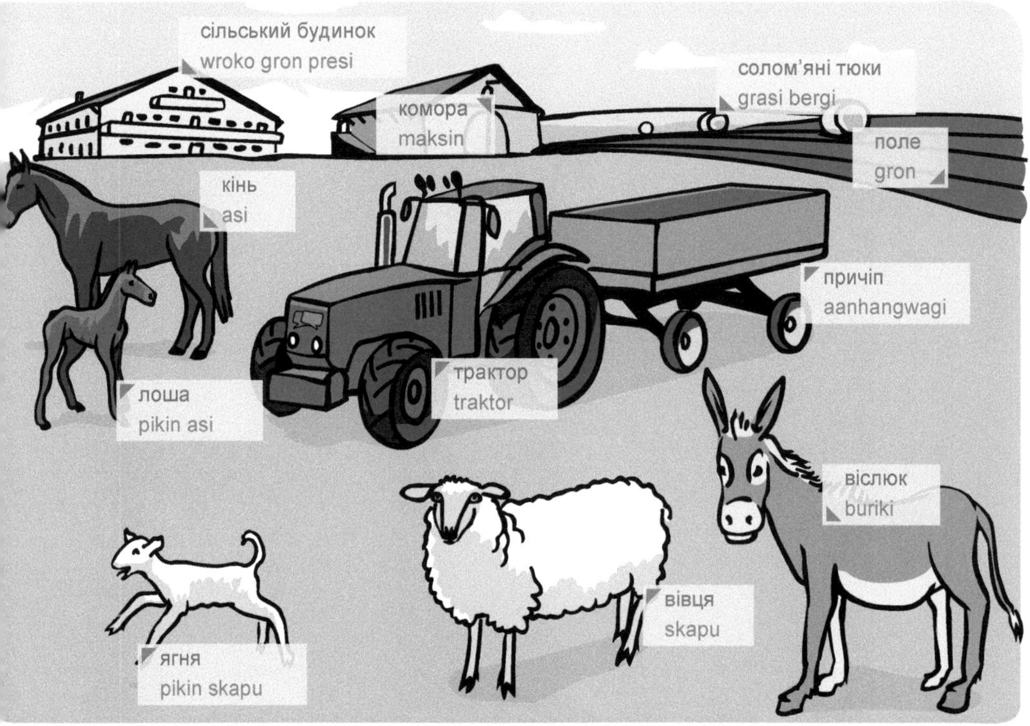

сільський будинок
wroko gron presi

комора
maksin

солом'яні тюки
grasi bergi

поле
gron

кінь
asi

причіп
aanhangwagi

лоша
pikin asi

трактор
traktor

віслюк
buriki

вівця
skapu

ягня
pikin skapu

коза
krabita

корова
kaw

теля
pikin kaw

свиня
agu

порося
pikin agu

бик
burkaw

гусак gansi	качка doksi	курча pikin fowru

курка fowru	півень kakafowru	щур alata

кіт puspusi	миша moismoisi	віл burkaw

собака dagu	собача будка dagu pen	садовий шланг tuinslang

лійка watra kan	коса nefi	плуг pluga

ферма - burugron

серп
babun-nefi

мотика
tyapu

вила
forku

сокира
beyri

тачка
kroiwagi

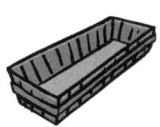

корито
baki

бідон молока
merki kan

мішок
saka

паркан
skotu

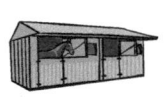

хлів
pen

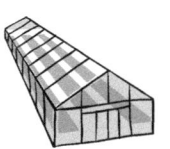

теплиця
grun kasi

ґрунт
gron

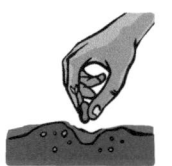

насіння
siri

добриво
doti

комбайн
maaidorser

ферма - burugron

пожинати
koti

урожай
nyanyan

корінь ямсу
yami

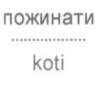
пшениця
aleisi

соя
soja

картопля
patata

кукурудза
karu

ріпак
koro siri

плодове дерево
froktu bon

маніок
kasaba

злаки
siri

ферма - burugron

дім
oso

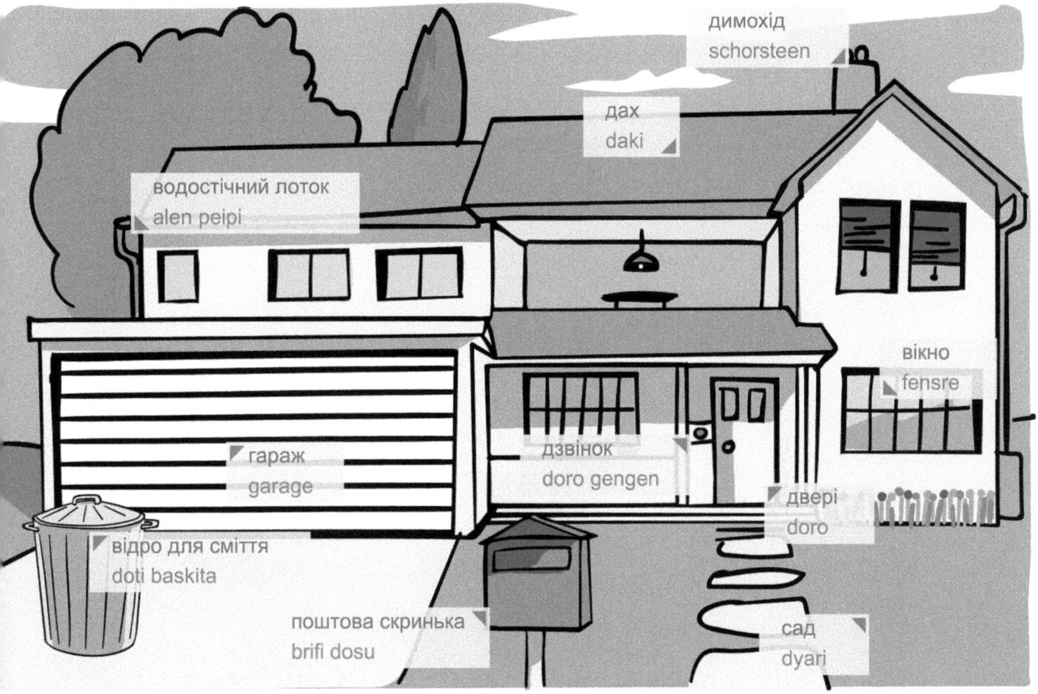

димохід
schorsteen

дах
daki

водостічний лоток
alen peipi

вікно
fensre

гараж
garage

дзвінок
doro gengen

двері
doro

відро для сміття
doti baskita

поштова скринька
brifi dosu

сад
dyari

вітальня
foroisi

ванна кімната
was oso

кухня
botrali

спальня
sribikamra

дитяча кімната
pikin kamra

їдальня
nyanyan kamra

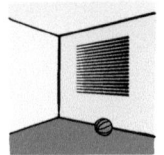
підлога
gron

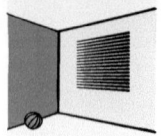
стіна
skotu

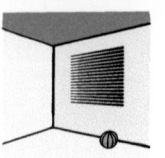
стеля
plafon

підвал
kedre

сауна
sauna

балкон
barkon

тераса
terras

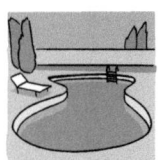
басейн
swen presi

косарка
waimasyin

простирало
sribikrosi

ковдра
sribikrosi

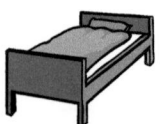
ліжко
bedi

мітла
sisibi

відро
embre

перемикач
san fu leti faya

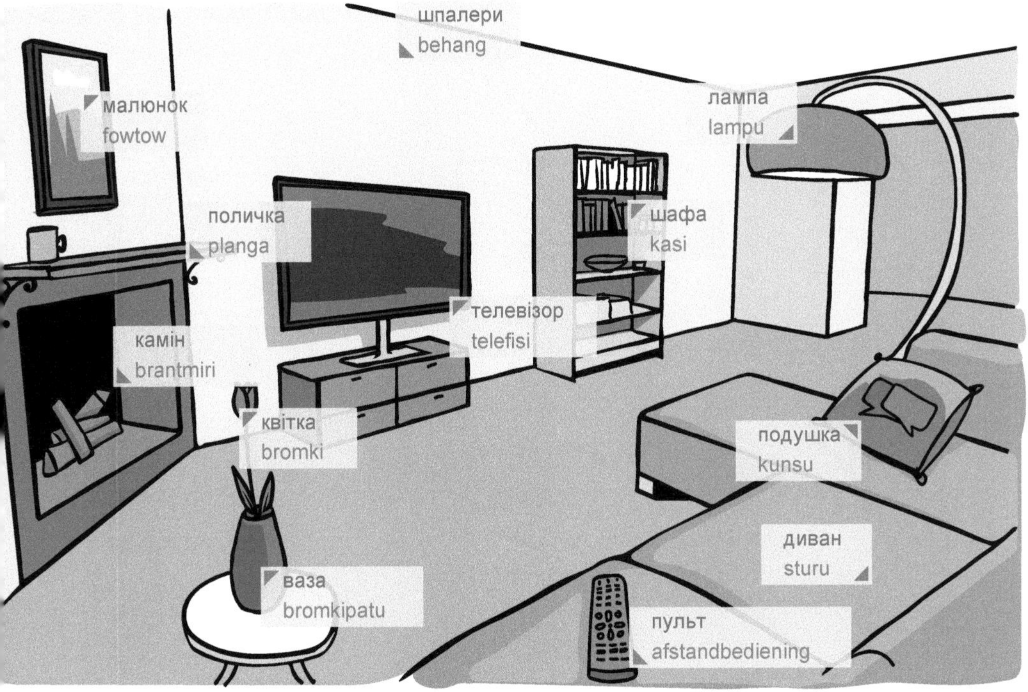

вітальня
foroisi

- шпалери — behang
- малюнок — fowtow
- лампа — lampu
- поличка — planga
- шафа — kasi
- камін — brantmiri
- телевізор — telefisi
- квітка — bromki
- подушка — kunsu
- ваза — bromkipatu
- диван — sturu
- пульт — afstandbediening

килим
matamata

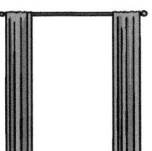

завіса
garden

стіл
tafra

стілець
sturu

крісло-гойдалка
boboisturu

крісло
sturu

вітальня - foroisi

книга
buku

ковдра
tapun

прикраса
pranpran

дрова
udu

фільм
kino

стереосистема
stereo- installatie

ключ
sroto

газета
koranti

картина
skedrei

плакат
poster

радіо
konkrudosu

блокнот
skrifi buku

пилосос
stofsuiger

кактус
kaktus

свічка
kandra

вітальня - foroisi

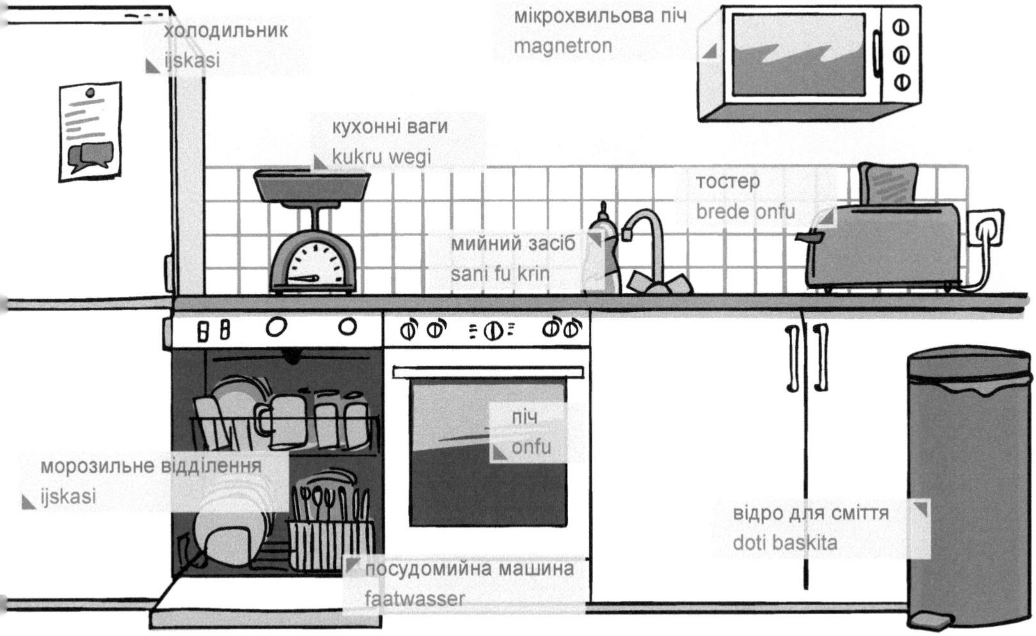

кухня
botrali

- холодильник — ijskasi
- мікрохвильова піч — magnetron
- кухонні ваги — kukru wegi
- мийний засіб — sani fu krin
- тостер — brede onfu
- піч — onfu
- морозильне відділення — ijskasi
- відро для сміття — doti baskita
- посудомийна машина — faatwasser

плита
onfu

горщик
patu

чавунний горщик
isri patu

вок / кадай
wok / kadai

сковорода
pan

чайник
ketre

пароварка
dampupatu

лист
baka preti

посуд
tafra-sani

кухоль
kan

чаша
koba

палички для їжі
nyantiki

черпак
supu spun

лопатка
spatel

вінчик для збивання
klutser

сито
fergiet

сито
dorodoro

терка
gritigriti

ступка
mortier

барбекю
barbakoto

багаття
faya presi

дошка
koti planga

качалка
blon lolo

штопор
korkutreki

консерва
tromu

відкривачка
knefi fu opo blik

прихватки
patu duku

раковина
wasibaki

щітка
bosro

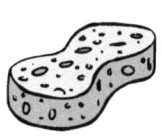

губка
sponsu

міксер
blender

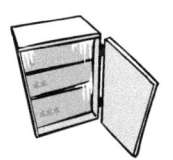

морозильна камера
ijskasi

дитяча пляшка
beibi batra

кран
kran

кухня - botrali

37

ванна кімната
was oso

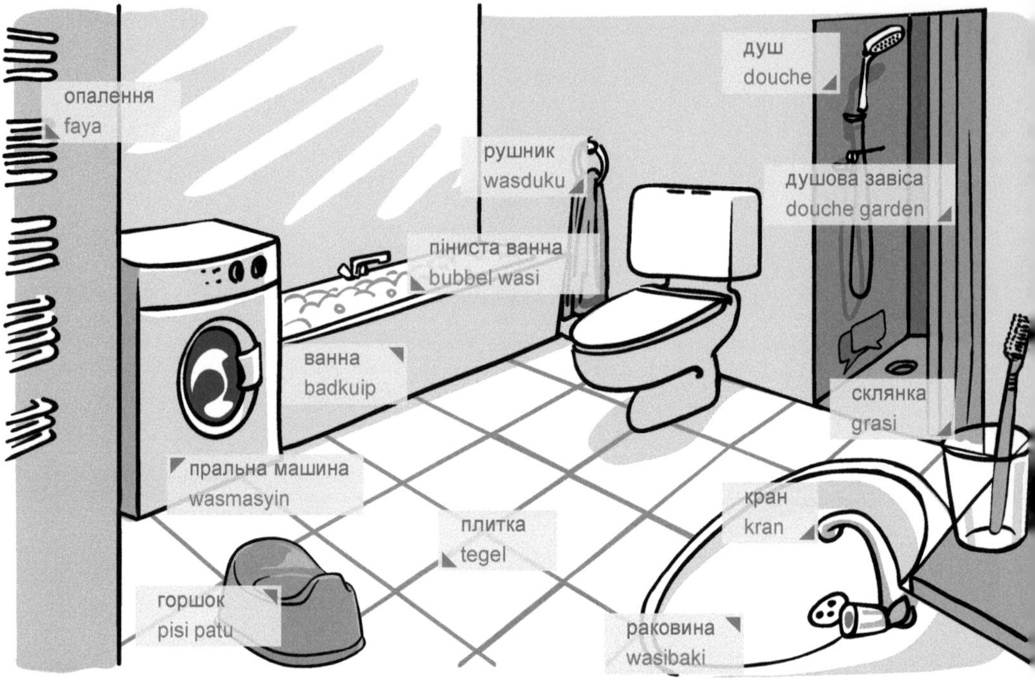

опалення
faya

душ
douche

рушник
wasduku

душова завіса
douche garden

пінисте ванна
bubbel wasi

ванна
badkuip

склянка
grasi

пральна машина
wasmasyin

кран
kran

плитка
tegel

горшок
pisi patu

раковина
wasibaki

туалет
kumakoisi

підлоговий туалет
kumakoisi

біде
bidet

пісуар
pisi presi

туалетний папір
kumakoisi papira

щітка для туалету
kumakoisi bosro

зубна щітка

tifi bosro

зубна паста

tandpasta

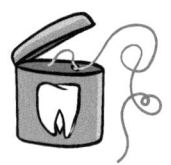

нитка для чищення зубів

floss

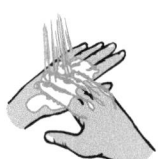

мити

wasi

ручний душ

douche

інтимний душ

kumakoisi douche

таз

was koba

щітка для спини

baka bosro

мило

sopo

гель для душу

douchegel

шампунь

sopo

мочалка

was krosi

водостік

afvoer

крем

krème

дезодорант

okselstik

дзеркало
spikri

косметичне дзеркало
moimoi fu fesi spikri

бритва
sebinefi

піна для гоління
sebiskuma

лосьйон після гоління
aftershave

гребінь
kankan

щітка
bosro

фен
wiri drei masyin

лак для волосся
wirispray

косметика
moimoi fu fesi

губна помада
lippenstift

лак для нігтів
nangra ferfi

вата
katun

ножиці для нігтів
nangra sey

парфум
switi smeri

ванна кімната - was oso

косметичка
tas gi krin sani

табурет
kroku

ваги
wegi

халат
was dyaki

гумові рукавички
handschoen fu krin

тампон
tampon

гігієнічні прокладки
munduku

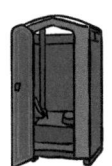
біотуалет
kumakoisi

ванна кімната - was oso

дитяча кімната

pikin kamra

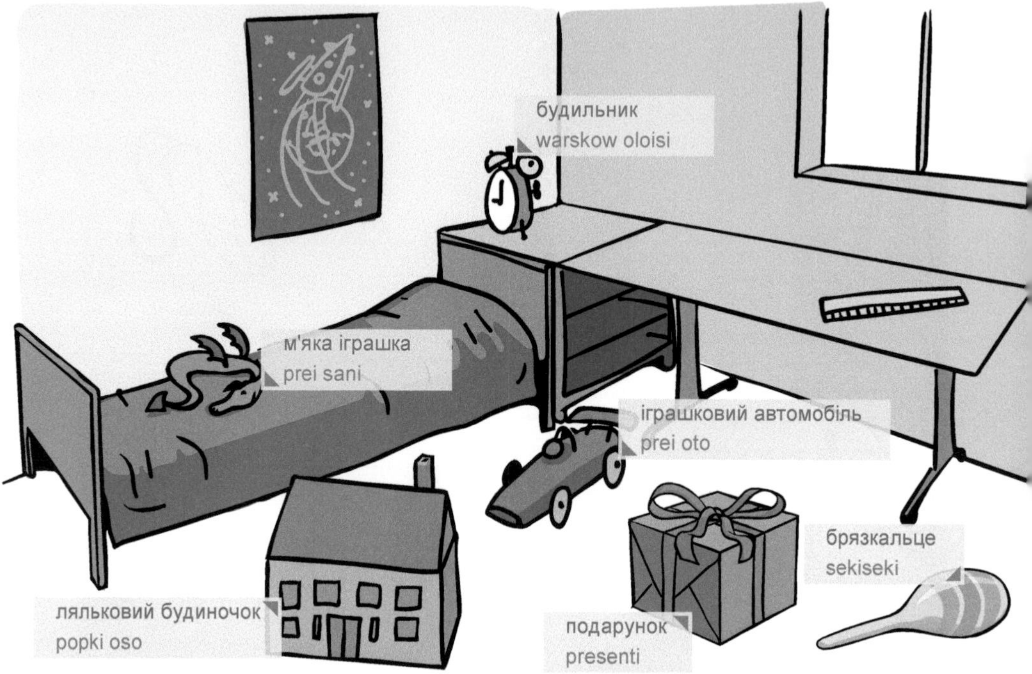

будильник
warskow oloisi
м'яка іграшка
prei sani
іграшковий автомобіль
prei oto
брязкальце
sekiseki
ляльковий будиночок
popki oso
подарунок
presenti

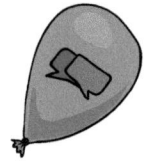

повітряна кулька

ballon

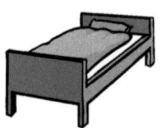

ліжко

bedi

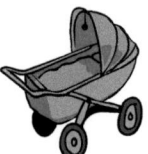

дитячий візок

beibiwagi

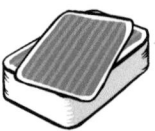

картярська гра

paki karta

пазл

laytori

SUPER
MEGA

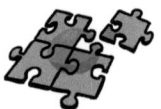

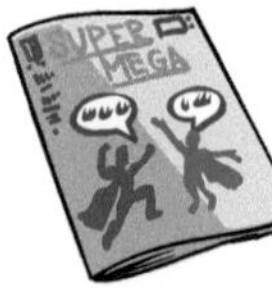

комікс

strip torie

лего цеглинки
lego ston

блоки
prei sani

іграшкова фігурка
aktiefiguurtje

повзунки
beibikrosi

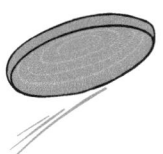
фризбі
frisbee

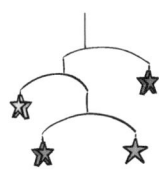
мобіле
mobile

настільна гра
prei tapu bord

кубик
prei ston

модель залізнична станція
prei sani loko

соска
bobimofo

вечірка
fesa

книжка з картинками
prenki buku

м'яч
bal

лялька
popki

грати
prei

дитяча кімната - pikin kamra 43

пісочниця

santi baki

гойдалка

boboisturu

іграшка

preisani

гральна консоль

prei komputer

триколісний велосипед

baysigri

плюшевий мішка

prei sani

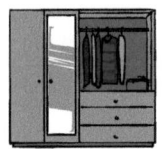

шафа

krosi kasi

одяг
krosi

шкарпетки

kowsu

панчохи

kowsu

колготки

kowsu

боді skin	штани bruku	джинси jeansbruku

спідниця koto	блузка blus	сорочка empi

пуловер empi	светр dyaki	піджак djakti

куртка dyakti	пальто alendyakti	дощовик alendyakti

костюм paki	сукня yapon	весільна сукня trowyapon

костюм

paki

нічна сорочка

sribikrosi

піжама

sribikrosi

сарі

sari

головна хустка

angisa

чалма

tulband

бурка

burka

кафтан

kaftan

абая

abaya

купальник

swenkrosi

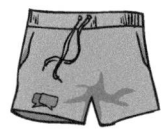

плавки

swenbruku

шорти

syatu bruku

тренувальний костюм

training paki

фартух

feskoki

рукавички

handschoen

одяг - krosi

гудзик
knopo

окуляри
aygrasi

браслет
anubuy

ланцюг
keti

кільце
linga

сережка
yesilinga

шапка
ati

плічка
krosi anga

капелюх
ati

краватка
tay

застібка-блискавка
rits

шолом
feti musu

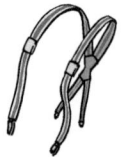

підтяжки
bretel

шкільна форма
sem skoro krosi

уніформа
sem krosi

одяг - krosi

нагрудник
slabbetje

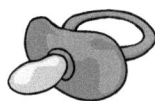
соска
bobimofo

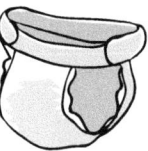
підгузок
pisiduku

офіс
kantoro

- сервер — server
- шаф для документів — archief kasi
- принтер — printer
- папір — papira
- монітор — monitor
- письмовий стіл — tafra
- миша — moisi
- папка — map
- синтезатор — keyboard
- кошик для паперу — doti embre
- комп'ютер — komputer
- стілець — sturu

кавовий кухоль
kofi kan

калькулятор
kalkulator

інтернет
internet

ноутбук laptop	лист brifi	повідомлення boskopu

мобільний телефон konkrutitei	мережа neti	копіювальний пристрій kopi masyin

програмне забезпечення software	телефон konkrutitei	розетка stopkontakt
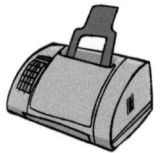	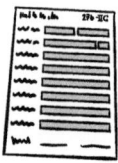	
факс fax masyin	бланк formulier	документ papira

офіс - kantoro

економіка
ekonomia

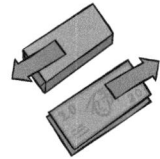
купувати
bai

платити
pai

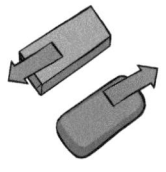
торгувати
du

гроші
moni

долар
dollar

євро
euro

ієна
yen

рубль
rubel

франк
frank

юанів женьміньбі
renminbi yuan

рупія
rupie

банкомат
monimasyin

обмінний пункт
kenki kantoro

золото
gowtu

срібло
solfru

нафта
oli

енергія
krakti

ціна
prijs

контракт
kontrakti

податок
lantimoni

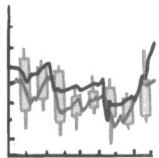

акція
pisi

працювати
wroko

працівник
wrokoman

роботодавець
wrokobasi

фабрика
fabrik

магазин
wenkri

економіка - ekonomia

професії
kari

поліцейський
skowtu

пожежник
brandweerman

повар
boriman

лікар
datra

пілот
piloot

садівник
djariman

столяр
temreman

швачка
modist

суддя
krutubasi

хімік
scheikunde sma

актор
akteur

водій автобуса
sjafeur

таксист
taximan

рибалка
fisiman

прибиральниця
krinsma

покрівельник
dakitapu man

офіціант
diniman

мисливець
ontiman

художник
ferfiman

пекар
bakriman

електрик
elektrikman

будівельник
bow-wroko man

інженер
ensjinoru

забійник
sraktiman

бляхар
loodgieter

листоноша
postbode

професії - kari

солдат
srudati

архітектор
architekt

касир
kasman

флорист
bromkisma

перукар
seti sma wiri man

кондуктор
kondukteur

механік
monteur

капітан
kapten

дантист
tifidatra

вчений
sabiman

рабин
Dyu domri

імам
Moslim domri

монах
moniki

пастор
priester

професії - kari

інструменти
wrokosani

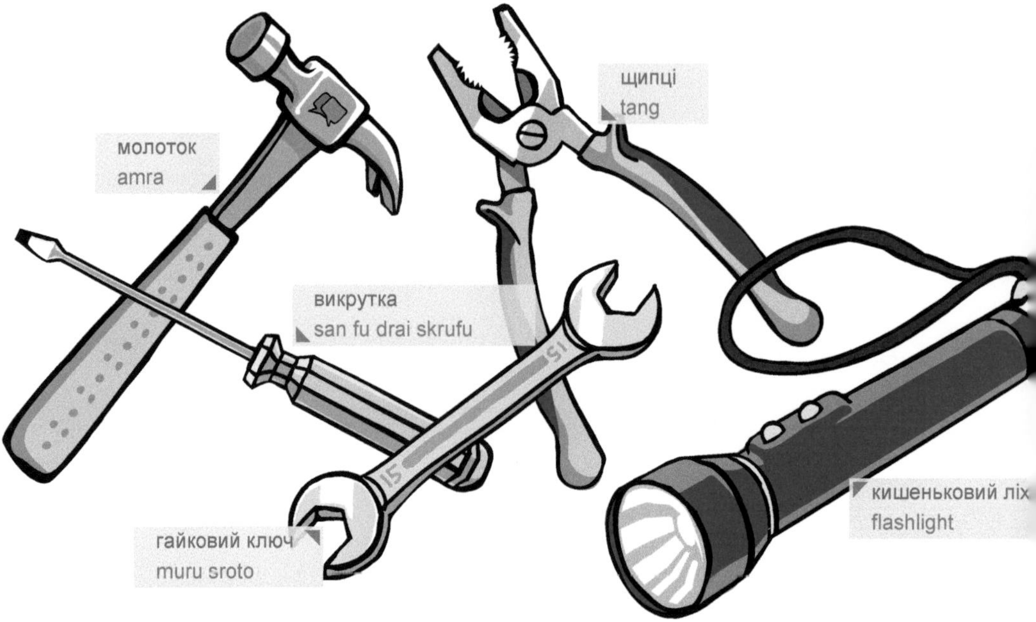

молоток — amra

щипці — tang

викрутка — san fu drai skrufu

гайковий ключ — muru sroto

кишеньковий ліх — flashlight

екскаватор
dikimasyin

ящик для інструментів
wrokosani kisi

драбина
trapu

пилка
sa

цвяхи
spikri

свердло
boro

ремонтувати
meki

лопата
skepi

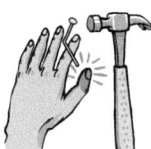
лайно!
Baya!

совок
stofblik

відро з фарбою
ferfi patu

гвинти
skrufu

музичні інструменти
poku sani

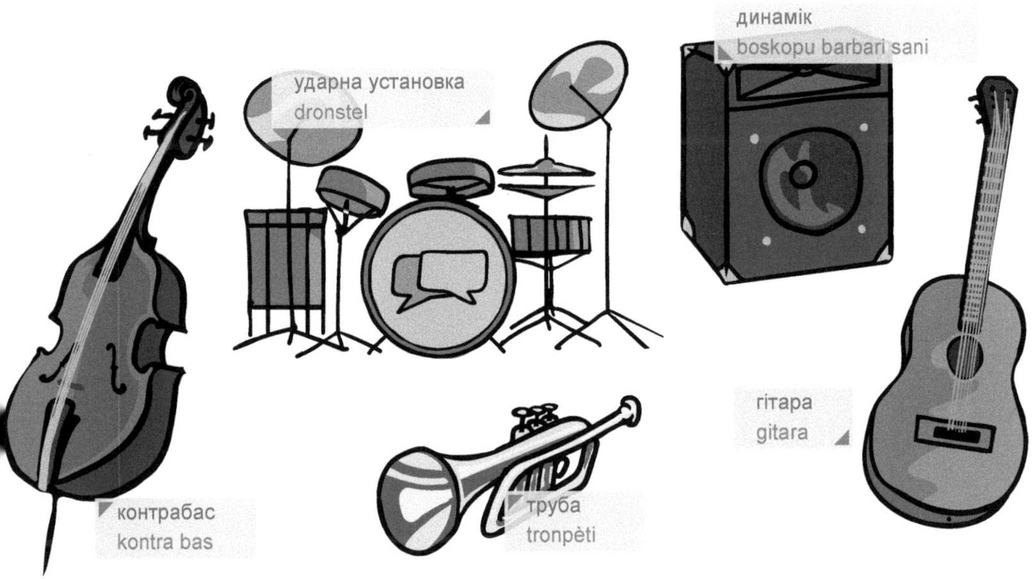

ударна установка
dronstel

динамік
boskopu barbari sani

гітара
gitara

контрабас
kontra bas

труба
tronpèti

фортепіано
piano

скрипка
finyoro

бас
bas

литаври
pauk

барабан
dron

клавіатура
keyboard

саксофон
saxoton

флейта
froiti

мікрофон
mikrofon

музичні інструменти - poku sani

зоопарк
meti dyari

тигр / tigri
клітка / pen
зебра / sabanaburiki
вхід / mofodoro
корм / meti nyan
панда / panda

тварини
meti

слон
asaw

кенгуру
kangeru

носоріг
neushoorn

горила
gorilla

ведмідь
beer

верблюд
kameri

страус
stroisifowru

лев
lew

мавпа
monki

фламінго
korikori

папуга
popokai

білий ведмідь
ljsbeer

пінгвін
pinguïn

акула
sarki

павич
prodokaka

змія
sneki

крокодил
kaiman

працівник зоопарку
sma san e sorgu meti

тюлень
sedagu

ягуар
penitigri

зоопарк - meti dyari

поні
pikin asi

леопард
penitigri

гіпопотам
watrabofru

жираф
giraf

орел
aka

кабан
werder agu

риба
fisi

черепаха
sekrepatu

морж
walrus

лисиця
sabanadagu

газель
dia

зоопарк - meti dyari

спорт
sport

дії
aktifiteit

дії - aktifiteit

мати
abi

робити
dati

бути
de

стояти
tnapu

бігати
lon

тягнути
hari

кидати
trowe

падати
fadon

лежати
lei

очікувати
wakti

носити
tyari

сидіти
sidon

одягати
weri

спати
sribi

просипатися
wiki

дії - aktifiteit

дивитися
luku

плакати
krei

гладити
korikori

розчісувати
kan

розмовляти
taki

розуміти
ferstan

питати
aksi

слухати
arki

пити
dringi

їсти
nyanyan

прибирати
krin

любити
lobi

варити
bori

їхати
rei

літати
frei

дії - aktifiteit

65

 йти під вітрилом seiri	 рахувати teri	 читати lesi
 вчитися leri	 працювати wroko	 одружуватися trow
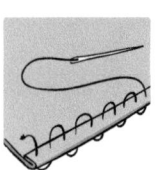 шити nai	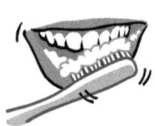 чистити зуби krintifi	 убивати kiri
 курити smoko	 посилати seni	

дії - aktifiteit

сім'я
famiri

бабуся / granmama
дідуся / granpapa
батько / papa
мати / mama
немовля / beibi
донька / umapikin
син / manpikin

гість
fisiti

тітка
tanta

дядько
omu

брат
brada

сестра
sisa

тіло
skin

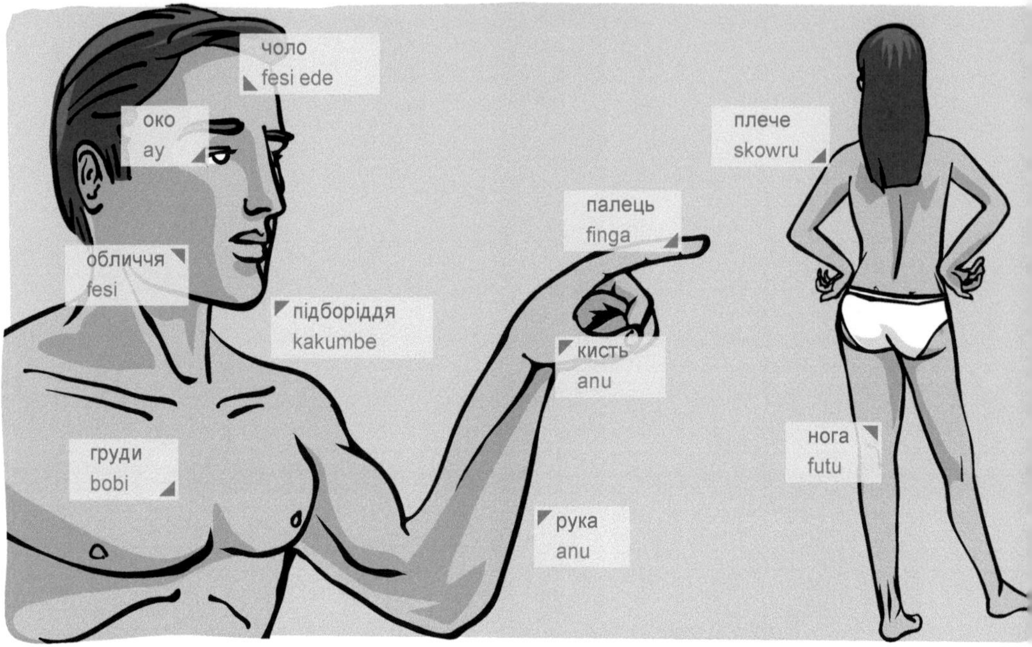

чоло
fesi ede

око
ay

обличчя
fesi

підборіддя
kakumbe

груди
bobi

палець
finga

кисть
anu

рука
anu

плече
skowru

нога
futu

немовля
beibi

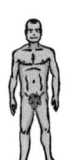

чоловік
man

жінка
uma

дівчина
uma pikin

хлопчик
boi

голова
ede

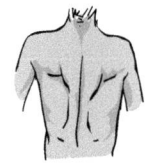

спина
baka

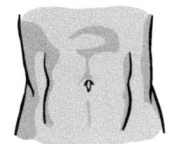

живіт
bere

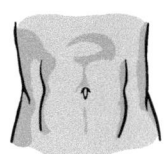

пуп
kumba

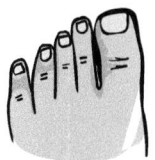

палець ноги
futufinga

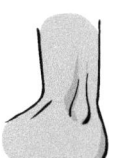

п'ята
bakafutu

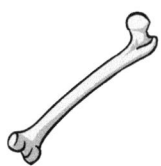

кістка
bonyo

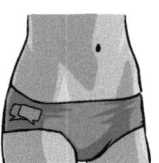

стегно
djonku

коліно
kindi

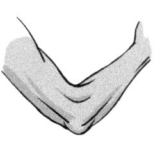

лікоть
baka anu

ніс
noso

сідниці
bakasei

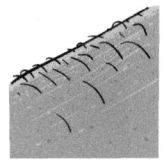

шкіра
skin

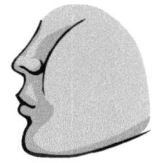

щока
seifesi

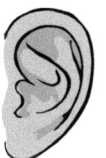

вухо
yesi

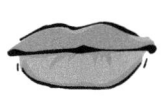

губа
mofobuba

тіло - skin

рот
mofo

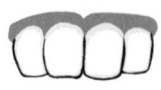

зуб
tifi

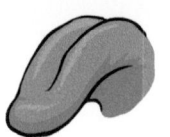

язик
tongo

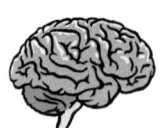

мозок
ede tonton

серце
ati

м'яз
titei

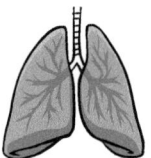

легені
fokofoko

печінка
lefre

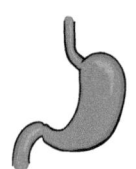

шлунок
bere

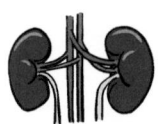

нирки
niri

статевий акт
freiri

презерватив
pipikowsu

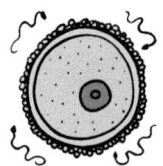

яйцеклітина
eksi

сперма
siri

вагітність
bere

тіло - skin

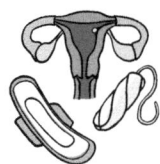
менструація
munsiki

вагіна
umapresi

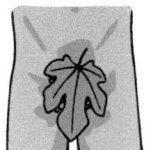
пеніс
toli

брова
atapu-ay-wiwiri

волосся
wiwiri

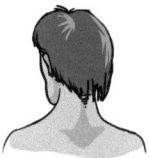
шия
neki

лікарня
ati oso

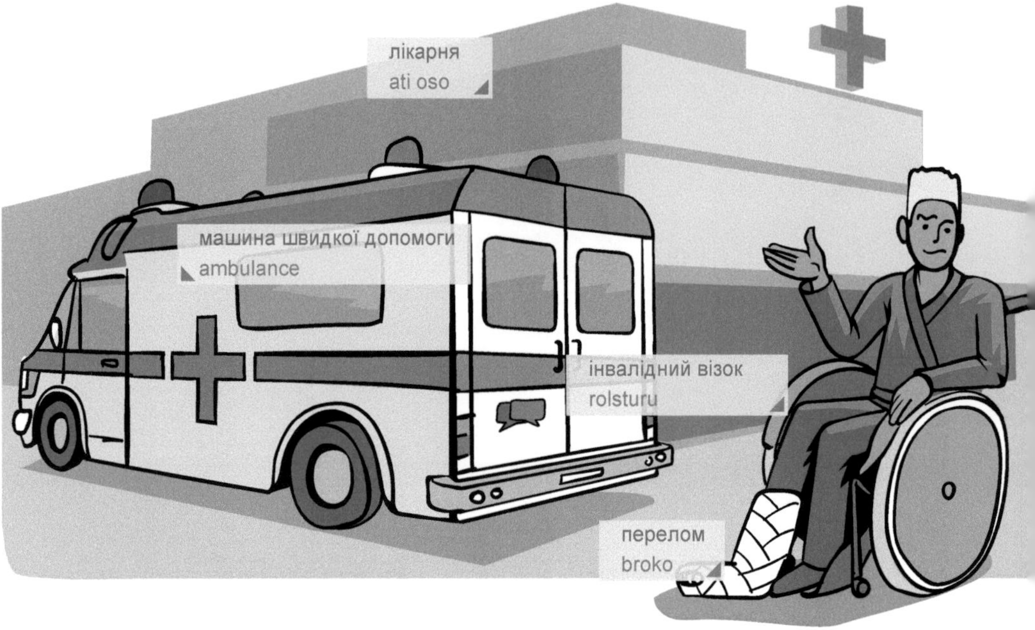

- лікарня / ati oso
- машина швидкої допомоги / ambulance
- інвалідний візок / rolsturu
- перелом / broko

лікар
datra

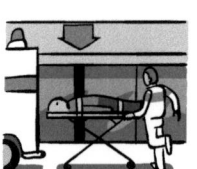

відділення швидкої медичної допомоги
EHBO

медсестра
suster

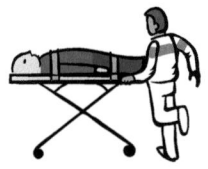

аварійний випадок
nowtu

непритомний
flaw

біль
pen

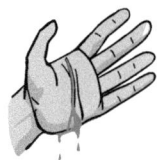

травма
soro

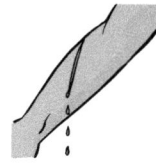

кровотеча
brudu

інфаркт
ati siki

інсульт
bururtu

алергія
trefu

кашель
koso

лихоманка
kortsu

грип
griep

пронос
lusu bere

головна біль
ede-ati

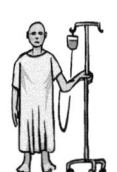

рак
takrusiki

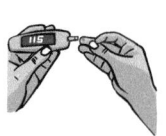

діабет
sukru

хірург
chirurg

скальпель
skalpel

операція
operâsi

лікарня - ati oso

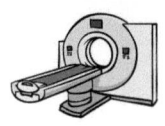 КТ CT	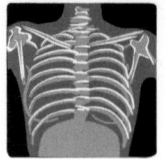 рентген röntgen	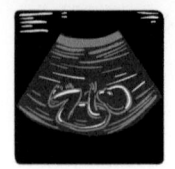 ультразвук echo
 маска fesi maskradu	 хвороба siki	 зал очікування wakti kamra
 милиця kroku	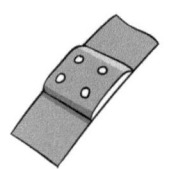 пластир duku	 пов'язка duku
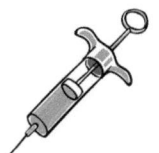 ін'єкція spoiti	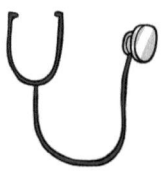 стетоскоп stethoskoop	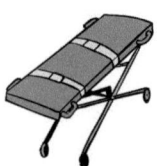 ноші brandkard
 термометр temperatuur marki	 народження gebore	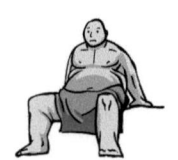 надмірна вага fatu

лікарня - ati oso

слуховий апарат
masyin fu yere

дезінфікуючий засіб
sani fu krin

інфекція
dyomposiki

вірус
firus

ВІЛ / СНІД
HIV / AIDS

медицина
dresi

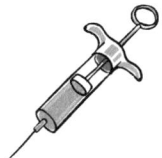
вакцинація
faksinasi

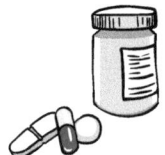
таблетки
perki

протизаплідна пігулка
perki

екстрений виклик
nowtu nomru

тонометр
brudu marki

хворий / здоровий
siki / gesontu

лікарня - ati oso

аварійний випадок
nowtu

Допоможіть!
Yepi!

сигнал тривоги
warskow

напад
feti

атака
feti

небезпека
ogri

аварійний вихід
a nowtu doro

Вогонь!
Faya!

вогнегасник
fayakiri sani

аварія
mankeri

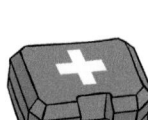

аптечка
EHBO-kofru

COC
SOS

поліція
skowtu

Земля
grontapu

Європа
Bakrakondre

Північна Америка
Opo-Amerkan

Південна Америка
Suid-Amerkan

Африка
Afrika

Азія
Asi

Австралія
Australia

Атлантика
Atlantis Se

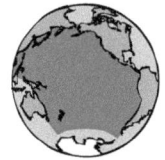
Тихий океан
Tan tiri Se

Індійський океан
Indisch Se

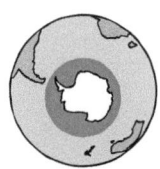
Антарктичний океан
Suidsei Se

Північний Льодовитий океан
Noordsei Se

Північний полюс
Noordsei

Південний полюс — Suidsei

Антарктика — Antartika

Земля — grontapu

  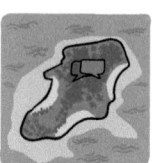

суша — kondre

море — se

острів — eilanti

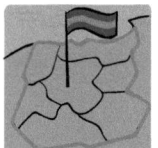 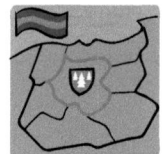

нація — nâsi

держава — lanti

годинник
oloisi

циферблат

oloisi fesi

годинникова стрілка

yuru sori

хвилинна стрілка

miniti sori

секундна стрілка

sekonde sori

Котра година?

O lati a de?

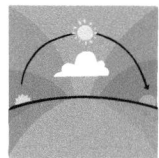

день

dey

час

ten

зараз

now

цифровий годинник

oloisi

хвилина

miniti

година

yuru

тиждень
wiki

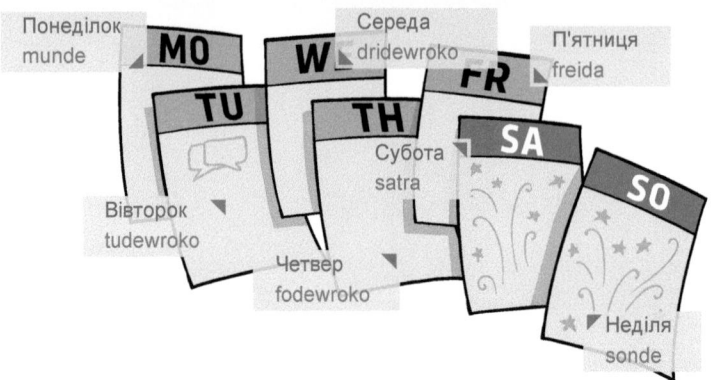

Понеділок — munde
Середа — dridewroko
П'ятниця — freida
Вівторок — tudewroko
Четвер — fodewroko
Субота — satra
Неділя — sonde

вчора
esde

сьогодні
tide

завтра
tamara

ранок
mamanten

опівдні
bakadina

вечір
neti

робочі дні
den wrokodei

кінець робочого тижня
weekend

рік
yari

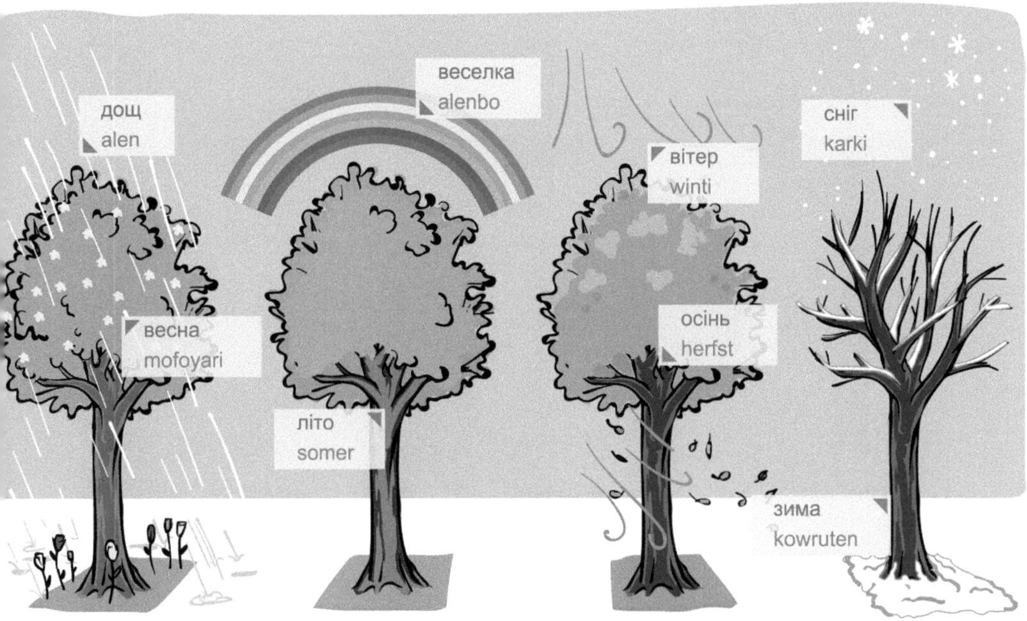

дощ
alen
веселка
alenbo
вітер
winti
сніг
karki
весна
mofoyari
осінь
herfst
літо
somer
зима
kowruten

4.APRIL 11°
5.APRIL 4°
6.APRIL 13°
7.APRIL 8°
8.APRIL 10°

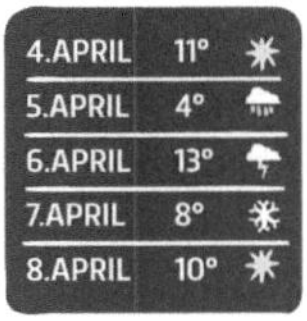

прогноз погоди

taki fu a weer

F C
120 40
90 30
60 20
30 10
0 0
-30 -10
-20

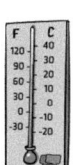

термометр

thermometer

сонячне світло

skèin fu a son

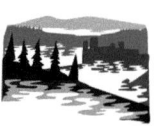

хмара

wolku

туман

dow

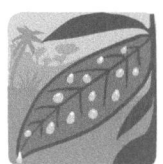

вологість повітря

loktu foktu

блискавка
faya

грім
dondru

шторм
sekiwatra

град
agra

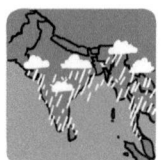
мусон
bigi skwala

повінь
frudu

лід
èisi

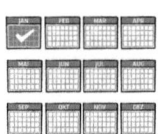
Січень
januari

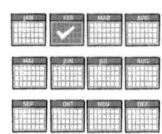
Лютий
februari

Березень
maart

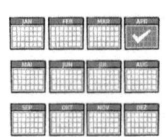
Квітень
april

Травень
mei

Червень
juni

Липень
juli

Серпень
augustus

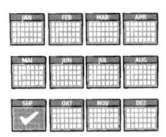

Вересень

september

Жовтень

oktober

Листопад

nofember

Грудень

december

форми
form

круг

lontu

квадрат

fokanti

прямокутник

fokanti naga langa sei

трикутник

dri-uku

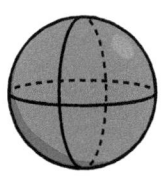

куля

lontu

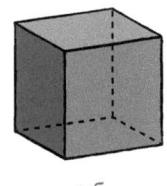

куб

kubus

фарби
kloru

білий
witi

жовтий
geri

помаранчевий
alanya

рожевий
ròs

червоний
redi

фіолетовий
lila

синій
blaw

зелений
grun

коричневий
broin

сірий
grei

чорний
blaka

протилежності
difrenti

багато / мало

tumsi / wanwan

лютий / мирний

atibron / tiri

гарний / бридкий

moi / takru

початок / кінець

begin / kba

великий / малий

bigi / ptyin

світлий / темний

lekti / dungru

брат / сестра

brada / sisa

чистий / брудний

krin / doti

завершений / незавершений

krinkrin / no bun nofo

день / ніч

dei / neti

мертвий / живий

dede / libi

широкий / вузький

bradi / smara

їстівний / неїстівний
kan nyan / no kan nyan

злий / дружній
takru / bun

збуджений / нудьгуючий
prisiri / ferferi

товстий / тонкий
fatu / fini

спочатку / востаннє
fosi / lasti

друг / ворог
mati / feyanti

повний / порожній
furu / leigi

жорсткий / м'який
tranga / safu

важкий / легкий
hebi / lekti

голод / спрага
angri / dreineki

хворий / здоровий
siki / gesontu

незаконний / законний
no gi pasi / tru

розумний / дурний
koni / don

вліво / вправо
kruktu / leti

поруч / далеко
gi / fara

протилежності - difrenti

новий / використаний

nyun / owru

нічого / щось

noti / wan sani

старий / молодий

owru / jongu

вкл / викл

leti / tapu

відкрито / закрито

opo / tapu

тихо / гучно

safu / tranga

багатий / бідний

gudu / poti

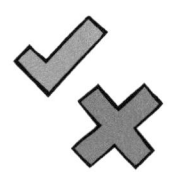

правильно / неправильно

bun / fowtu

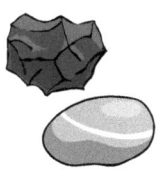

шорсткий / гладкий

grofu / grati

сумний / щасливий

sari / breiti

короткий / довгий

shatu / langa

повільно / швидко

loli / esi-esi

вологий / сухий

nati / drei

гарячий / холодний

warang / kowru

війна / мир

feti / freide

протилежності - difrenti

числа
nomru

0 нуль — noti

1 один — wan

2 два — tu

3 три — dri

4 чотири — fo

5 п'ять — feifi

6 шість — siksi

7 сім — seibi

8 вісім — aiti

9 дев'ять — neigi

10 десять — tin

11 одинадцять — erfu

12
дванадцять
twarfu

13
тринадцять
tin-na-dri

14
чотирнадцять
tin-na-fo

15
п'ятнадцять
tin-na-feifi

16
шістнадцять
tin-na-siksi

17
сімнадцять
tin-na-seibi

18
вісімнадцять
tin-na-aiti

19
дев'ятнадцять
tin-na-neigi

20
двадцять
twenti

100
сто
hondru

1.000
тисяча
dusun

1.000.000
мільйон
milyun

числа - nomru

МОВИ
den tongo

англійська
Ingristongo

американська англійська
Amerkan Ingristongo

китайська високочиновницька
Sneisi Mandarijntongo

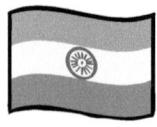

хінді
Hinditongo

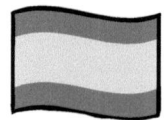

іспанська
Spanyoro

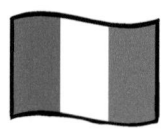

французька
Frans

арабська
Arabiatongo

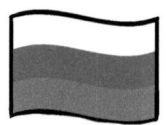

російська
Rusitongo

португальська
Potogisi

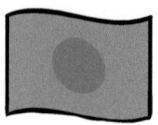

бенгальська
Bengalitongo

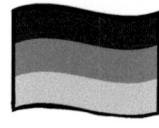

німецька
Doisritongo

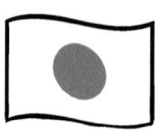

японська
Japantongo

хто / що / як
suma / sang / fa

я
mi

ти
yu

він / вона / воно
en / en / en

ми
unu

ви
yu

вони
den

хто?
suma?

що?
san?

як?
fa?

де?
pe?

коли?
oten?

ім'я
nen

де
ре

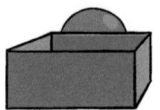

ззаду
baka

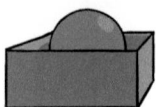

в
ini

перед
fesi

над
abra

на
tapu

під
ondro

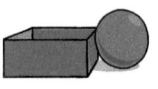

біля
na sei

між
mindri

місце
presi